TAROT

TAROT

ELDER AGUILAR

Valparaíso
EDICIONES

Número 511 de la Colección VALPARAÍSO DE POESÍA
dirigida por FEDERICO DÍAZ-GRANADOS

Diseño de la colección: Chari Nogales

Maquetación: Ciclo Creativo

Primera edición: julio de 2025

© De los poemas: Elder Aguilar

© Valparaíso Ediciones
C/ Fray Leopoldo, 7 bajo, 18014 Granada
www.valparaisoediciones.es

ISBN: 979-13-87538-75-0
Depósito Legal: GR 1124-2025

Impreso en España - *Printed in Spain*
Gráficas Gami

TAROT

ME HE CANSADO

Me he cansado de perseguir sueños que no son míos.
A mí me gusta que me pegue el aire,
que huela a comida, a un buen café
y ver que la gente sonría.

A mí me gusta la tranquilidad.
Sentarme bajo la sombra de un árbol,
dormir en una hamaca en la playa,
que disfrute después de un largo día.

A mí me gusta oír el ruido de las cascadas,
soñar despierto y escribir un pensamiento
nacido de tan solo una herida.

JOSÉ

Nunca sabe uno cuándo se muere.
Solo se muere uno sin avisar.
Se queda todo en la tierra húmeda,
en la tierra que da vida y que marchita.

El agua se lleva las lágrimas, y el viento los suspiros.
Deja solo recuerdos a esos que sí nos amaron,
y les causamos tanto tristezas como sonrisas revueltas.

Que alguien me diga cómo llega la correspondencia
hacia el otro lado,
porque se me ha olvidado despedirme de él.
De poder oír los consejos de su voz
y los malos chistes de su mente.

Se me ha olvidado decirle que fue
la mejor experiencia de mi vida.
Se me ha olvidado darle un abrazo, y decirle que lo quiero.
Le he puesto dos velas en su camino para poderlo saludar.
Espero que reciba el mensaje.
Mamá lo estará esperando, eso lo sé.
Nos vemos después, José.

POESÍA

Este poema que escribí,
lo escribí en un rincón,
contándole a mi tristeza
de mi viejo corazón.

Y sus letras se iban formando
con el palpitar de mi olvido,
que me dictaron las palabras
cuando mi recuerdo te había tenido.

Y cada palabra que escribí
fue con una lágrima de dolor,
para sacar la presente agonía,
muy clavada en mi corazón.

Y sonreí con unas rimas
que aparecieron en un papel,
convirtiendo el mal que tenía,
en algo bueno que soñé.

LA SELVA CURA MI CUERPO

La selva cura mi cuerpo.
El mal ya se ha hecho.
La lluvia que cae me sonríe,
alejándome de las sombras del pasado.
Me devuelve a mi presente,
a un charco de agua sucia donde una vez me reconocí.

Mi cuerpo se me comprime
como las puertas de madera que crujen con el tiempo.
Le pido al tiempo que me dé un respiro,
un espacio para correr con la mañana.
Quiero decirle al viento que no lo olvide,
susurrarles a los pájaros que entiendo sus cantos de libertad.

Aquí en este parque me tiendo boca arriba
para mirar las nubes que me han dado paz
desde el principio de mis días.
Quiero decirle a esta tierra húmeda,
que aquí, bajo su cielo azul,
encontré mi descanso final.

SI ALGÚN DÍA

Si algún día te encuentro de nuevo
y tus pupilas se clavan con las mías.
Posiblemente percibas que aún te quiero
en esta nueva despedida.

Y si te acercas, juro y te advierto:
sonreiré como nunca he sonreído.
Porque estuve llorando días
cuando mi corazón te había perdido.

Y aunque no me arrepiento de nada,
sabiendo que te amé sin cobardía.
Porque sangre como infierno en llamas
cuando sentí que nadie me quería.

Pero deja y te digo una cosa.
Pues Dios sí sabe cuánto te amé.
Porque entre espinas y rosas,
también me mostró el clavel.

HERMANO

Las caídas ahora son de arriba hacia abajo,
y los lagos dulces que probé
poco a poco se han vuelto amargos.
Se habla con las sombras invisibles del día
que forma mi mente para contarte mi alegría.

Y el momento se vuelve absurdo y doloroso
en una habitación de meditación y calma.
Mi amigo no me habla.
El compromiso con la vida
lo he dejado a un lado por una semana
y mejor me he dado vuelta a mirar por la ventana.

Ya lo sé, por favor, discúlpame por ser así.
Que probablemente nos duela a los dos
por portar la misma sangre de un ayer.

KAI

Me pregunto si ya llegaste,
pero no ahora, no todavía.
Estás tan tardío como la hora seca
que no avanza.
Se me parte el cuerpo con dolores que desconozco,
pensando en abrazarte,
retorciéndome en mi propia penumbra que solo yo he creado.
Sé que ya es tarde,
esperaré que se abran tus ojos e iré a buscarte.

Tus manos ya están junto a las mías,
en este imaginativo momento de mi pensamiento,
aun sin poder todavía palpar las tuyas.
Me muerdo las ganas de salir corriendo,
me trago las lágrimas fingidas que aún no te conocen
y me envuelvo con las sábanas de mi corazón
para protegerme de morir en vida.

Tengo que dejar de pensarte,
porque es el único sentimiento que me ataca ahora.
Será tan extraño mirarte por primera vez
y sentir que, por fin,
me amarán más de lo que me amaron ayer.

ELLA

Ella dice mi nombre a lo lejos
y a lo lejos le regalo
tanto un abrazo como un beso.
Ella mira sencilla y callada
y sus ojos se vuelven intensos.

Ella es rima en mis poemas
y es calma entre mis versos.
Ella toca con su mano de seda
la piel que portan mis huesos.

Ella es cielo, mar y tierra.
Yo soy viento, marea y fuego.

YO ME PUEDO APARTAR

Yo me puedo apartar.
Y puedo llorar, reír, soñar.
Puedo ser una gota de lluvia tan fría al tacto,
como tan cálida en el alma,
puedo ser mar en la lejanía, como un sol en el alba.

Yo me puedo apartar.
Y ser tú y yo al mismo tiempo.
Puedo ser un sentimiento olvidado
o un recuerdo que se ha perdido.
Puedo tenerte tan cerca de mi cuerpo
o tan lejos como un olvido.

Yo me puedo apartar.
Puedo ser ave volando cerca
o un volcán en silencio.
Puedo reencontrar de nuevo al dolor
o como desear estar solo todo el tiempo.

Yo me puedo apartar.
Pero esta vez seamos sinceros,
porque la soledad nos consume rápido,
tan rápido como lo hace el dinero.

Qué bello es el resplandor de la nube de un volcán.
Parece su propio humo. Estamos despertando los dos.
Como si la tierra y yo compartiéramos el mismo aliento.

Tu mirada es arte
que se funde en versos de poesía.

NUBES NOCTURNAS

Los ángeles se forman en las noches
bajo la luna encendida que flota sobre las nubes.
Y la obscuridad, debajo de ella,
tratando de devorarlas sin ningún milagro.

Pelean para obscurecerse,
con la ciencia ya sincronizada,
manchando de tinieblas a su alrededor,
maltratando a mis pupilas
para hacerme invisible
ante mis propios ojos.

Se extienden en esta oscuridad:
como un campo infinito de cosechas,
como olas que abrazan las orillas de un mar,
como un dolor de una herida en el alma.

ESTE ERES TÚ Y SOY YO

Este eres tú y soy yo.
Tengo tanto sueño
que ya no quepo ni en mis propios sueños.
Mis ojos me martirizan con cerrarse,
el aire se vuelve pesado,
me convierto en el olvido de mi olvido
y en una gota de llanto que cae a mi boca.

Me consumen, me devoran,
me duermo en mi propia imaginación,
perdida entre tanta tortura.
Le digo que pare, pero me devora viva.
Sonrío por momentos, cansada,
solo para no caer en este agotamiento fingido.

Este eres tú y soy yo.
El que escribe de ti,
de tu carne, de tus huesos,
de tus entrañas dolidas.
De tus piernas cansadas en movimiento,
de todo lo que desea caer en tu cama.

Te escribo con mi cuerpo,
que también está cansado y dolido.
Te escribo desde mis entrañas que no se devoran.
En mi propio aliento que no está junto con el tuyo.

Este eres tú y soy yo.
Me das palmadas sobre mi espalda,
me dices que me quieres
con un abrazo que nunca llega.
Me duermo en momentos de calor,
de sudor, de frío, en brazos de mi madre.

Me canso con ustedes dos.
Me agotan las circunstancias de la vida que viene.
Me acuesto en sueños de felicidad
y por ratos, abro los ojos,
que desean cerrarse ante tanta luminosidad.

Durmámonos todos.
Gastemos nuestro último recurso de fortaleza
y descansemos.
Solo descansemos, papá, mamá,
solo descansemos,
como lo hago yo.

NOS MORIMOS POBRES

Nos morimos pobres,
como hoja seca que ya está en el suelo.
Nos morimos sin nada al otro lado de la vida,
con materiales lujosos que no nos llenaron,
con familias que pelean más de lo que sonríen.

Nos morimos pobres.
Como la tierra que pierde un poco de su capa,
incapaz de protegernos del sol para matarnos más.
Nos morimos como un ave sin aire, al cual poder volar.

Nos morimos pobres,
como un arroyo que se seca lentamente,
sin mover las piedras que lo acompañan.
Sin recuerdos que guarden nuestra memoria,
sin alma que sostenga nuestro cuerpo.

Nos morimos pobres,
sin ropa que llevar,
sin voces que rodeen nuestro entorno,
sin tacto que acaricie nuestra piel.

Nos morimos pobres,
pero muy pobres nos morimos.

CUANDO ABRAZAMOS AL SILENCIO

Cuando abrazamos al silencio
nos encontramos solo dos,
la soledad y yo entendimos
más de cerca al corazón.

Que nos llovieron tormentas
y nos dejaron desnudos,
sin darse cuenta de que los dos,
éramos solo uno.

Nos hicimos más que fuertes
y nos llenamos de paciencia,
que cada día que amanece,
se disfruta con la ausencia.

La alegría y la esperanza
fue lo que no se perdió.
Lo mantuvimos bien guardado,
para sanar al corazón.

AQUÍ NO SE TRATA DE DEPRIMIRSE

Aquí no se trata de deprimirse,
ni de encerrarse uno en su propio olvido.
Aquí se trata de vivir.
De expandir nuestro pensamiento
como se expande el universo.
De ser uno con las olas del mar
y de pisar descalzos la tierra
que un día nos tragara.

Aquí no se trata de deprimirse.
Aquí se trata de algo más.
De liberarnos de la prisión
de nuestro propio sentimiento,
de soltar el enojo que cargamos inútilmente
y de ir paso a paso como va nuestro último aliento.

Aquí no se trata de deprimirse.
Aquí se trata de hacer más,
de crecer incluso cuando el camino parece incierto,
de brillar con luz propia, incluso en la oscuridad.

Aquí no se trata de deprimirse.
Aquí se trata de algo más.

EL AMOR ES LA FUERZA DE LA TEMPESTAD

El amor es la fuerza de la tempestad
es un olvido y un te quiero,
es como una flecha que da en el blanco
o como una daga que mata al llanto.

El amor es la fragancia de una piel,
es la atracción de dos cuerpos juntos,
es la verdad de un encuentro
y un problema que ya no siento.

El amor es una desgracia bendita,
es un alma vendida a la seducción,
es una trampa de un alma vacía,
es un sentimiento que no entendiendo mata.

Se me termina la vida,
las ramas crecen y yo me seco.
Quisiera ser fruto y solo preocuparme por ser alimento.

Cuando muera,
quiero morir rápido,
así como el viento que llega y se va,
sin dejar más que un suspiro en su paso.

MI OTRA MITAD

Yo también quiero pensar lo mismo.
Quiero pensar que mi camino no es solo mío,
pensar que mi camino lo construyen otros pasos,
y que las conversaciones más alegres
nacen con bellas miradas.

Quiero pensar que la alegría que llega tarde,
no es un adiós,
sino más que una caricia recién dada.

Yo también quiero pensar lo mismo.
Que alguien más está pensando,
lo que estoy pensando ahora.
Mi otra mitad perdida.
Mi otra mitad amada.

Quiero pensar que aquella,
posiblemente, quizás sin saberlo,
camina hacia mí mientras yo camino hacia ella.

ME DIJE A MÍ MISMO "TE AMO"

Me dije a mí mismo "Te amo"
cuando ya no sentí el sabor de tus labios,
cuando el perfume de tu cuerpo
se desvaneció a la lejanía,
y tus lágrimas dejaron de ser
caricias que mi corazón tenía.

Me dije a mí mismo "Te amo"
porque nunca cerraron
las grietas de mis errores.
Porque mis sueños cambiaron de rumbo
—y en él ya no existí—,
y mis manos se congelaron
por tu calidez que sentía
y que dejó de existir.

Me dije a mí mismo "Te amo"
cuando desenterré de mi nombre
un grito abierto,
cuando costuré a este pecho
con hilos de llantos,
cuando arranqué de la niebla de mis venas,
una gota de sangre y un latido ya casi muerto.

PLANTAS DE MAÍZ TOSTADO

Somos similares,
de la misma tierra en que nacimos.
Somos tierra de gusanos fértiles
y plantas de maíz tostado.
Portamos la misma sangre y el mismo orgullo que fingimos.
Tenemos los mismos sueños y el mismo carácter.

Cargamos un corazón pleno de alegría,
pero nos hace falta poder compartirla.
Nuestros ojos son reflejos el uno del otro.
Te miro, me miras, me robas los besos.
Te conviertes en una copia de mi propia vida.
Pero espero que no te vuelvas una costumbre
de mi propio error.

¿QUÉ GANO?

¿Qué gano con arrancarte por dentro?
Si al juntar mi corazón con el tuyo, me dio la vida por completo.

¿Qué gano con este olvido perdido?
Si mi corazón no tiene dueño, aunque viviera contigo.

¿Qué gano con dejar de amarte poco o nada?
Si la vida compartida se me dio por aceptarla.

SI ALGÚN DÍA NOS ENCONTRAMOS

Si algún día nos encontramos
y sonrío de nuevo contigo,
esperaré muy contento que tú, sonriéndome,
también te puedas reír conmigo.

Si algún día nos encontramos
y te doy un abrazo prohibido,
no pienses que me he olvidado de tus besos,
ni mucho menos de tus suspiros.

Si algún día nos encontramos
y miro tus ojos acostumbrados a los míos,
sabrás que siempre me habrás tenido,
y yo sabré que siempre te habré amado.

Me he cansado de madurar como los mangos,
de esperar a que el tiempo me derribe.
Ya muy maduros, nos caemos solos,
y en el suelo nos pudrimos en silencio.

Me duele hoy por todas las partes de mi cuerpo.
Parezco un papalote cuando cae y lo arrastra el viento sin rumbo.

POESÍA PURA

¿Que no soy yo poesía pura?
Versos de mis llantos y estrofas de mi cuerpo.
Mi vida no transcurre con normalidad.
Mi destino me tira del hilo que me sostiene,
me arrastra a rincones desconocidos,
donde mis ojos son otros, donde mi piel no pertenece,
y el placer se convierte en veneno.
Ahí, donde enfrento lo que más temo:
esta libertad que ya no deseo.

Mi destino enreda mi hilo, me aleja de casa,
de mis hermanos, de mi familia, de mi perro solitario.
Quiere que sea su esclavo, que me arrastre a su antojo,
manipulando mi conciencia.
Se aferra a cerrar mi camino,
creando laberintos y senderos que solo él conoce.

Pero yo me propongo meditar, tener paciencia,
concentrarme en lo que realmente quiero.
Desatar el nudo que me impide volver,
dejar de ser la basura en que me convertí.

A lo lejos, mientras lo desato, lo visualizo, lo temo:
el miedo a quedarme solo, a no ser amado,
a ser ausencia en la tierra que piso,
a ser un fantasma de las miradas que perdí.

Él sopla con fuerza, me susurra:
"No lo desates, no huyas de esta comodidad".
Mueve el hilo para hacerme caer, lo estira para todos lados,
y se hace la víctima a la que nunca amé.
Pero yo me aferro igual que él,
porque si me dejo llevar, jamás volveré.
No seré yo otra vez; seré la sombra siguiendo a la carne,
una sonrisa vacía, un eco sin voz.

Me animo yo mismo, lucho, río, lloro
y con un poco de suerte, lo desato.
Jalo fuertemente del hilo que me ata
y me dirijo hacia la sombra que fui.

Él enloquece. Se niega a perder, se revela contra el amor,
contra mi decisión de abandonar su libertad.
Lucha porque me quede, pero yo ya no quiero.
Hace la puerta de luz más pequeña, quiere que no quepa,
que no escape de su encarcelamiento.
Pero me escabullo como puedo, me cuelo hacia esa
pequeña luz de felicidad que veo.
Como un conejo que huye de su cazador,
como un alma que abandona un cuerpo sin vida.

Y sonrío: lo he logrado. Ahora lo tengo en mis manos.
Seremos uno de nuevo, como al nacer.
Ya no nos separaremos. Ya no volveré atrás.
Aquí he despertado,
con la sombra de mi ayer, con la vida que tenía,
y escrito otra vez en una hoja blanca, una poesía mía.

BARAJAS

Ayer dejé mil caricias en un recuerdo.
En unos días me mudaré
y dejaré más que eso.
Las velas me han dado tranquilidad,
y es que a veces vivir cuesta un poquito más.

Me lo ha dicho la baraja en un tarot:
que un ángel me cuida,
que voy hacia adelante,
que me irá bien,
que tarde o temprano en esta vida despertaré.

Hablo por teléfono con mis dos amores:
uno que habla en sincronías de miradas,
y a ella, que de vez en cuando
le gusta que le regale flores.
Me han dicho que me extrañan.
Y es que es difícil aceptar otra vida,
cuando aún no he dejado la pasada.

El sueño se me ha quitado.
Ahora, hasta despierto, camino soñando.

No podemos dejarnos morir
cuando Dios aún nos deja respirar.

Una botella de vino
es como un beso tuyo en el atardecer:
Un dulce recordatorio del tormento instantáneo
de alcanzar el paraíso
sin morir ausente de ti.

SI BUDA ALCANZA LA ILUMINACIÓN

Si Buda alcanza la iluminación,
no es por subir a la montaña,
sino porque se mantiene en silencio.
En la quietud, encuentra la verdad,
en el vacío, descubre la plenitud.

No son los pasos hacia la cima
lo que lo lleva a la luz,
sino la calma de su espíritu,
el abrazo del presente,
la renuncia al ruido del mundo.

SIEMPRE

Siempre te hablo por teléfono.
Ayer te dije "descansa",
hoy te dije "yo más".
Y con eso nace una esperanza
de poder volverte a encontrar.

Pero las ansias matan
y la paciencia se agota.
Como una estrofa que pierde versos
y tus labios que se alborotan.

Y aunque no te digo "te quiero",
sabrás que te he tenido.
Porque en noches de luna llena
siempre estuviste conmigo.

Y aquella sonrisa perdida
jamás perdió la esperanza.
Que aunque el dolor alcanza,
siempre te llevo conmigo.

MUDANZA

Yo dejo que la gente se revuelque en su propio olvido.
Que lo que no me toca tampoco me mate el sueño,
si ya ciego camino por la vida,
aun teniendo los ojos abiertos.

Que parece que las nubes oscuras
también llegarán de día,
como llega mi propio desvelo.
Que no le preocupe a nadie
si es que muero en enero.

Y es que así me sentiré
cuando tenga que marcharme.
Dejaré voces abandonadas,
estancias de mí,
dejaré escamas de mi piel
y el mismo sueño donde dormí.

Qué ausente se vuelve el invierno.
Y escribí y escribí,
entre el que me voy
y entre el que no me fui.

MANUSCRITO

¿Cuándo saldrá aquella que escribí?
¿Cuándo se asomará por la ventana y me dirá que sí?
Que sí desea salir conmigo,
aunque conmigo no quiera morir.

¿Cuándo saldrá de la sombra que la guarda
para ser caricias en mis manos
y versos de mi alma?

¿Cuándo saldrá aquella que escribí?
Con días soleados, con noches oscuras,
con pasta italiana y vinos de aquí.

¿Cuándo saldrá mi deseo más grande,
aquel que por años prometí?
Para decirle que la he esperado
en muchos rostros aislados
y en muchos besos sin ti.

HORÓSCOPOS

Lo busco en los horóscopos para que me guíen,
que me lleven a un camino que ya no encuentro.
Y es que ahora, para encontrarse uno mismo,
hace falta contratar a un guardabosque.
Porque "Caperucita" vive en mi mente todos los días.

Cuando estoy aquí y voy para allá,
parece que nada cambiará.
Aquí me busco, allá también.
Y es que uno se vuelve loco escribiendo,
que ahora escribir parece que es un deber.

El trabajo se ha vuelto para mí un matrimonio.
Lo extraño cuando descanso,
cuando el momento se detiene,
cuando mi vida está en una pausa,
al borde de un precipicio.

Espero que me llame,
que me busque como yo lo busco.
Que yo mataría por tenerlo,
como él me mataría por dejarlo.
Por favor, cuando me lean, apiádense de mí.
Si un día me ven descansado en mi soledad,
no me dejen de nuevo morir.

¿QUÉ ES UNA VIDA SIN VIDA?

¿Qué es una vida sin vida?
¿Qué es una vida sin suspenso?
¿Es algo que se aprecia de por vida,
o algo a lo que se le tiene miedo?

¿Qué es la realidad perdida?
Si no son huellas de tu cuerpo.
¿Qué son besos de tu boca?
Si no son sonrisas de tu aliento.

¿Qué son? Sino razones confundidas
y huesos rotos de mi cuerpo.
Son todo lo que se llena en un costal,
pero parece más vacío que el tiempo.

¿Qué son? Sino palabras sin significados
e ideas precisas de un momento.
Un enojo callado en vano,
o una alegría que se la robó el viento.

NADA

No soy de aquí, ni soy de allá,
no soy ni polvo de arena, ni agua de mar.
No soy vaso que sacia, ni fuego que quema,
no soy carne, ni huesos, ni alma.

No soy espíritu vacío, ni tiempo total,
no soy tristeza sumergida, ni lluvia fluvial.
No soy montañas de nieve, ni sol peculiar,
no soy nada, ni nadie, ni solo un quizás.

No soy grito de ausencia, ni calma de río,
no soy lágrima de soledad.
No soy eco perdido, ni sombra sin dueño,
no soy suspiro que flota, ni viento al olvido.

UNO ES UNO ENTRE UNOS

Uno es uno entre unos.
Es la sangre en la que hiervo,
son mis huesos los que me lloran
y mi carne que se vuelve placer.

Uno es uno entre unos.
Son mis lágrimas sonrisas y angustias,
o son mis sonrisas lágrimas fingidas.
Uno es el este,
donde mis ojos se abren y dan vida a mi cuerpo.
Uno es el oeste,
que ha terminado su día acumulado de emociones,
más moribundo que muerto.

Uno es uno entre unos.
Entre la piel y los huesos,
entre la mente imaginaria y la realidad,
entre lo que como y respiro,
entre luz y oscuridad.

Uno es uno entre unos.
El tacto de todas las cosas
y el olor del perfume de uno.
Me miro, me abrazo, me hago uno entre uno.
Me devoro en mi propia mente
y sé que me doy vida a mí mismo.

QUÉ GRANDE ES EL AMOR

El amor no está hecho solamente de besos,
ni de caricias, ni de abrazos, ni de intimidad.
El amor es más intenso que eso.
Son los ojos que conversan bajo la naturaleza,
que se vuelven viento y tocan el universo.

El amor es más que un perfume caro,
más que el olor de una flor.
Es una fragancia mezclada de emociones,
un aroma que nace entre tú y yo.

El amor es más que calor,
más que un sol que vive lento.
Es una chispa de dos rocas muertas chocando
para formar una fogata que derrite el hielo.

El amor es más que un recuerdo cuando te vas.
Es no dejarte ir de cualquier modo,
es retenerte entre ilusiones
y suspirar por ti hasta morir.

El amor no es solo una compañía.
Es un cómplice y amigo,
es la fuerza que nos une
y el silencio que nos habla.

Yo no he elegido a la poesía,
la poesía me ha elegido a mí,
porque jamás pensé que las heridas
también podían revivir.

La poesía es una ola desata de verdades
que arrastra con fuerza al interior.

EXPERIMENTOS CON TU AMOR

Hago experimentos con tu amor
y como no me gusta el resultado final
regreso a lo básico: tus labios.

Porque en ellos encuentro la fórmula perfecta,
la química que no falla,
la ecuación que siempre suma.

Tus besos son mi constante,
mi punto de partida y mi destino.
En ellos, el experimento siempre acierta.

LA OSCURIDAD

La oscuridad puede ser tan negra como blanca.
Puede ser gentil, calmada, alborotada, sólida o blanda.
La oscuridad que medita con las estrellas
y que, al mismo tiempo, devora al universo.
Puede esconderse dentro
de tus bellas pupilas y no dejarte,
o simplemente puede desvanecerse
en el interior de una ola.
La oscuridad, que es profundidad del océano,
y del eco de tu voz en movimiento.

La oscuridad puede combinar toda materia.
Nacer de su propia esencia.
Nunca necesitar abrir los ojos,
pero que no le hace falta
para sentir las caricias del viento.

La oscuridad es la mejor amiga del romanticismo,
de las desveladas, de tus manos frías, del vino,
del pan, de la carne y de los besos que se dan.
La oscuridad está en cada equivocación
que nos hace más fuertes.
Que nos levanta con más fuerza
y nos enseña otra vez a caminar.

La oscuridad es la más fiel amiga y enemiga.
Que contiene mis secretos de mis deliciosas
verdades escondidas.

AMOR INFINITO

Y aunque pienses que regresaré a tu lado,
jamás subestimes la intención.
Que aunque las caricias fueron bien dadas,
así también fue la flama de este amor.

Y no mostraré odio, rencor, ni tristeza,
en un encuentro previsto entre los dos.
Que aunque piedras llevan los ríos,
jamás lo llevó este amor.

Que si me voy, no es para siempre,
aunque siempre me haya ido.
Porque el mundo es más grande de lo que uno piensa,
aunque sea más pequeño que un olvido.

Y siempre serás poesía que nunca acaba,
versos y rimas que el corazón escribe.
Y yo seré viento que viaja hacia un vacío,
pero en el vacío, también el amor vive.

AMORES EN TEMPESTAD

Dos amantes que se encuentran con la mirada,
algunas veces se dicen todo,
pero muchas veces no significan nada.
Solamente se rozan el karma el uno al otro
y dándose cuenta ellos mismos, solo se miran a los ojos.
Temiendo los dos, por si el encuentro es muy poco.

Pero la dicha del destino, quien va formando sus caminos
entre que se encuentran poco, pero se observan mucho.
Y a la vez, Cupido, temeroso de flechar ese amor,
prefiere ignorarlos y voltear a verla mirada.
Pero al ver que nada pasa,
se ríen en silencio sin pronunciar una palabra.

Porque pequeño es el mundo, que los va juntando
poco a poco, con la gravedad de la tierra.
Porque de una planta de rosas, también nace una estrella.
Y así es arrancada del jardín una pequeña flor.
Porque no solamente se entrega con el alma,
sino también con el corazón.

Con un beso se encienden las estrellas:
con cada mirada la noche acontece.
Y, al fin, este miedo que los ataba,
junto con ellos se desvanece.
Compartiendo sus caminos, enredándose el alma,
fundiéndose en una unión que cada amor buscaba.

MORIBUNDO

Estuvo muy rico el desayuno el día de hoy,
después de que me cortara un dedo.
Mi hermosa me dice que el desayuno se lo inventó mi cerebro,
porque lo desaparecí en minutos.
Todavía me duele al moverlo, pero ya lo limpié,
lo acaricié y lo sané, aunque sea un poquito.

Es un dedo moribundo al que he tenido que ayudar.
Travieso, duerme de nuevo,
como si estuviera muerto en otro mundo.
Firu se encuentra ocupado,
saldrá cuando tenga que salir,
y siempre me llevo sorpresas con él.

SOLO DEJAR QUE EL TIEMPO PASE

No sé cómo sacarme este coraje,
esta tristeza que me confunde.
Hoy, de nuevo, peleé con mis seres queridos,
y me siento arrepentido.

¿Qué daño hice al llevarles comida?
¿Al mostrarles amor, al compartirles alegrías?
¿Qué más se podría hacer?
Ya nada, por ahora.

Solo dejar que el tiempo pase.
Que las caras se avergüencen de nuevo.
Solo dejar que el tiempo pase,
como pasa la enfermedad,
aunque lenta sea la espera que llevo.

NATURALEZA

Que las nubes cuenten lo que lloraron mis ojos,
bodegas vacías que guardan cada pensamiento mío,
aquellos que recuerdo por ratos.

Que la selva les cuente el cambio mío por dentro,
que les cuente la verdad que he llorado y he reído,
que les cuente que ahora soy otro.

Que les cuenten que ya me han aceptado entre ellos,
por llover más fuerte en enero.

NO ES TAN FÁCIL

No es tan fácil moverse de un lugar a otro,
llevar unos pocos años y cambiar de escenario.
Dejamos vidas, recuerdos, dolores de ti.
Ya no puedo ser piedra cálida de mar,
de lluvia, de lágrima.
Tengo que ceder en todo.

Convertirme en arena que se transporta fácilmente,
para ser alegría de otros.
Y es que ahora, para entrar al paraíso,
se cobra una cuota que los ángeles han impuesto,
con tal de que nos volvamos tan buenos.

Me he olvidado del enojo ya hace unos meses.
Vuelve de vez en cuando, pero lo regaño y se va.

El amor llega como nuestra propia sombra
cuando sale el sol:
sin avisar, inesperado, siendo nuestro.
¿Cuántas veces sale el sol?
¿Cuántas veces nos enamoramos?

INSOMNIO

Abre la puerta, sueño,
dime que eres mi amigo.
Déjame entrar,
Abre, por favor, te lo ruego.

Déjame soñar,
¡abre, te lo pido!
Hoy soñaré que no te pierdo,
que estoy contigo.

Sueño, por favor, ¡abre la puerta!
O no soñaré más.

DOLOR AJENO

Ya no deseo verte llorar.
Duele el alma que ya no tengo,
duele el corazón que te he regalado.
Mis palabras de consuelo se tornan en sangre,
pero tú no lo sabes.

Ya no llores más, te lo pido,
porque me matas lentamente con tus lágrimas que caen.
Mis brazos, abrazados a tu cuerpo,
se convierten en alas de un ángel caído.
Todo en mí se destruye en un instante.

Y es que, para que yo vuelva a existir,
solo me hace falta tu sonrisa.

BUITRES

Así son los gritos de ellos:
Callados de miedo, hablando con la nada,
luz que pocos alcanzan, verdad confundida,
mártir del odio.

Así son ellos: vacíos por dentro, llenos por fuera.
Se alimentan de odio y rencor.
y se vuelven oscuridad en extinción.

Los esperaremos en esa luz cálida, tibia, llena de amor.
Avísenos cuando salgan de las sombras,
para decirles: "Bienvenidos a la vida".

CURITA DE MI ALMA

Seguiré aquí, esperando regresar
a ser carne de mi carne y huesos de mis huesos.
Diré la verdad:
que la verdad está dividida,
que yo estoy dividido.

Seguiré aquí, pensando que todo es normal,
caminando con el viento a mi lado,
acariciando mis ideas y, de nuevo, suspirando.
Seguiré escribiendo de todos:
tanto los de adentro, como los de afuera.

Me verán venir como la sombra que llega con el sol,
y solo notarán mi presencia
cuando el sol sea más fuerte,
y queme, y queme, y arda como ardo yo
en este verano inquieto.

Seguiré aquí, aquí, pensando que aún te quiero,
que nada pasa, y muero y vivo, y vivo y muero.
Seguiré aquí; aquí estaré, tratando de esperarlo,
al tiempo que me sostiene por momentos.

No te vayas, no lo hagas, no me dejes.
Me has salvado la vida, me has ahorrado los llantos,
y te has vuelto parte de mi corazón.

ÁRBOL DE VIDA

Quisiera ser árbol.
ser raíz de mi propia tierra,
ser agitado por el mismo viento
que me arrulle de manera diferente.

Quisiera ser árbol,
poder ver al horizonte,
contemplar las mañanas en brisa radiante,
ser apoyo de las aves migratorias,
de todos aquellos que necesiten
de mis ramas y mis troncos afectados.

Quisiera ser árbol, solo árbol,
Para tener a la soledad como a un amigo,
dar flores a las miradas que un día pusieron atención
en que yo estaba aquí, como lo estoy ahora.

Quisiera anidar cada verano,
cada invierno y cada primavera,
ser ruido de lluvia y sombra de enamorados.
Quisiera ser árbol, nada más:
de sombra, de fruto, de vida,
de tiempo y de muerte anunciada.

LA DIETA

Comer por porciones de las angustias me hace falta.
No llenarme a lo tonto, hartarme como un puerco,
matarme yo mismo con tanto.
Tengo que moderarlo un poco,
tomar decisiones entre deseos y necesidades.
Así me sentiré más cómodo,
no habrá ese revoltijo en mi cuerpo,
será más liviana la carga en mi mente.

Porque lo que pasa es que entra uno,
entra otro y me abultan,
me hacen sentir incómodo,
no me dejan pensar claro,
me enojan y me encabronan.

Hoy ya es tarde para cambiar de decisión.
Ya es tarde también para dormir.
Me dormiré con estas angustias
que solo yo me he causado.
Hoy, solo quiero dormir un poco, descansar.
Mañana la empezaré.
Me hace falta hacer dieta.

HAY LUGARES

Hay lugares donde quiero ir,
muy cerquita de tu corazón.
Tomando café negro,
esperando a que el sol alumbre más fuerte,
como cuando te conocí.

Hay lugares especiales para escribir,
donde las charlas son sonrisas
y la poesía toma vida.
Pero mi vida... yo me quedo con tus caricias.

Hay lugares donde no digo mucho
porque mi alegría es demasiada,
mi amor está sobrando,
y la compañía de tu presencia me dice "te quiero".

Hay lugares donde planeo viajar,
donde vivo, donde huyo, donde suelo estar.
Pero qué vacío se siente uno solo,
sin ti, en cualquier lugar.

VIENTO

El viento, el mejor amigo de mis recuerdos,
compañero fiel de mi piel. Llega desde la mañana.
Muy callado, opaco, blanco, frío.
El que detiene el tiempo, el que conversa conmigo,
el que sostiene a las aves y da vida a las olas del mar.

Llega con llantos, con gritos, con miedo.
Quiere tener un amigo.
Me habla susurrándome, con esta voz que rasga el silencio.
Que me dé por vencido, que ya no haga nada,
que me destruya y que me vaya con él,
que me vaya al polvo de donde vine.
Ya no me quiere ver así:
con las rodillas temblando, con la cara fría,
percibiendo mis ideas perdidas.

El viento quiere atraparme, retenerme,
encarcelarme en su propia lejanía.
Ya no me quiere ver así, me lo repite,
con todo mi cuerpo sacudido, aprisionado en una vida.
Me sujeta del brazo y me jala con fuerza,
que me vaya, que lo siga.

Mi sangre hierve, y él lo sabe.
Entro en el calor que he guardado en secreto,
tomo fuerza de las raíces de mi interior
y me construyo de nuevo en aquel hombre que soñé.
Él se pone triste, llora de nuevo,

grita, suplica mi compañía.
Se siente mal porque ya lo dejé.
No le gusta la soledad.
Pero yo, pero yo...
yo ya me acostumbré.

CICLO DE VIDA

Se acabará algún día lo que tiene que empezar,
como las olas se desvanecen en las orillas del mar
y por más que las detengas, no las puedes parar,
porque todo tiene un ciclo, el cual terminará.

Se acabará algún día lo que tiene que empezar,
y verás que con el tiempo también la piel se va.
Como una flor que se marchita cuando ya nada da,
como las caricias que fueron dadas, pero esas ya no estarán.

Se acabará algún día lo que tiene que empezar,
como una mirada tuya que también se puede borrar.
Como cuando se guiña un ojo y este se acaba al cerrar,
porque lo que fue luz al comienzo, también se vuelve oscuridad.

Se acabará algún día lo que se tiene que empezar,
y solo con el tiempo perdura el amor que dejo atrás.
Como una estrella que explota y renacen muchas más,
como un beso dado a tu boca que nunca vas a olvidar.

SOY

Soy como la manteca que se derrite con el fuego,
algo que se prende y arde y quema,
y después de arder, arde más.
Soy aquella fogata que necesita más que
el agua para apagarse.

Soy mi propio infierno, un delito causado a propósito,
un error humano imperfecto.
Soy tan oscuro como mi propia imagen,
un pecado vivo, soy un regreso no resuelto.

Soy un corazón que no siente,
lágrima caída y lluvia despreciada.
Soy canción sin sentido,
y soy poesía arrancada.

POEMA

Podría estar sentado, y por casualidad,
de repente, por cualquier motivo extraño llega.
Como una melodía abandonada, como un aroma sin olor,
como un papel en blanco, así llega... y lo escribo.

Toma segundos de mi vida, me extrae mi esencia,
se mete en mi mente y me roba los pensamientos.
Y lo escribo, porque aunque parece tortuga
caminando en la playa,
también se desaparece cuando se acerca a la ola.

Y posiblemente mi mente la borre sin preguntar,
desaparezca de mi vida y se vaya sin decirme nada.
Así como te fuiste tú.

Soy piel, sangre y huesos.
Soy todo lo que devora mi mente
y nazco de nuevo en origami de defectos perfectos.

San Cristóbal de las casas:
el mejor lugar para encontrarse a uno mismo,
y para perderse en sus calles empedradas,
que son raíces bajo nuestros pies.

CÓMO QUISIERA...

Cómo quisiera que fuera agosto.
Llegar de visita de nuevo,
ahí donde dejé a mi corazón en buenas manos.
Abrazar toda esa alegría que se sintió en ese lugar
y poder sentir los besos que cada día extrañé.

Cómo quisiera que llegara, que llegara pronto,
aunque mi cuerpo se marchite como una flor de campo,
y aunque el tiempo me detenga para no dar más pasos.

Cómo quisiera que fuera agosto:
un agosto amplio, con muchos días y muchos soles,
con abrazos de tiempos largos
y de dos amores.

¿POR QUÉ NO?

Todo es negatividad en un solo pensamiento.
Todo tiene un comienzo y todo tiene un final.
¿Por qué no? Hacer de más.
Convertirme yo en poema,
en la misma luz que logró ver más allá.
¿Qué pierdo en este túnel de la vida,
si yo no me sé rajar?

¿Por qué no? Intentarlo, tratar, hacerlo, terminar.
Atrapar a la luciérnaga en esta oscuridad
y restregarla en mi playera para brillar más.
Hacer burbujas con un jabón,
y purificar al cuerpo de los dolores continuos.

¿Por qué no? Destruir la pared que contienen mi mente
y correr hacia la libertad que no me detiene.
¿Por qué no? Ir, venir, ser o estar.
Si tampoco sé si despertaré mañana
y te diré "te quiero".
¿Por qué no hacerlo,
si la vida es vida y la muerte es muerte?

CALMA

No sé si he muerto ahora
o si tan solo estoy soñando.
No sé si todavía estoy vivo,
ya que me acuesto pensando.

Y hoy, que tanto me cansé,
ya no quise escuchar a mi mente,
quise relajarme con él,
viento que sopla ausente.

¡Y qué calma siento ahora!
Que nadie me la puede quitar.
Y qué pena que las nubes se envuelvan,
sabiendo que los días se van.

Y solo quisiera dormir afuera,
como el sol que pega en la flor.
Porque esta sonrisa de ahora
se formó con trabajo y sudor.

Ya seguiré otra vez pensando,
cuando vuelva a despertar.
Voz infinita de tu boca,
cuánto deseo escuchar.

YA SE FUE

Ya se fue aquella.
Entre rimas y versos,
ya se fue sin la mano que lo acariciaba,
con un adiós que nunca dijo.

Porque moría lenta, como la calma de un río,
como hojas secas de un árbol que caen,
como lágrimas de mis ojos que quieren salir,
pero que tampoco salen.

Ya se fue aquella que nunca fue mía,
pero que seguirá siendo parte de mi poesía.
Se fue,
como se va el sonido de una melodía acabando,
como el despertar de un sueño largo,
como cuando amaba y también era amado.

Ya se fue sin decir nada.
Ya se fue. Que le vaya bien.

TAN SOLO TÚ

Mi corazón se siente muchas veces como una taza sin café,
que espera ser llenado, aunque sea de tierra,
de hojas secas, de gusanos o de chapulines.
Ser llenados de llantos, de alegrías,
de la saliva que sobra de nuestros besos,
del sudor que retienen nuestros cuerpos
cuando hacemos el amor.
Llenarlo con algo, con tan solo algo.
Porque la nada y el vacío son completamente iguales.

Mi corazón grita tu nombre,
los tatúa en los espacios del tiempo que no te tiene.
Sí, a ti, mujer, que llenas y rebalsas mis calmas
y mis tormentas.
Que a solas me llevas más vivo en tu corazón
con tan solo pensarme.
Porque yo soy un hombre que nace de tus ilusiones,
y mi corazón no se acostumbra a estar solo.

Y es que él lo puede notar.
Sabe que hay muchas parejas en nuestro cuerpo.
Se ha dado cuenta de nuestras dos manos,
de nuestros dos ojos
y de muchas otras parejas que habitan en mi propia soledad.
Y es que él sí se da cuenta de que está solo,
que nació en soledad, que no hay dos, sino uno.

Me lo sigue repitiendo con cada latido permitido por mi amor.
Me lo sigue diciendo cuando mi sangre se acelera
y llega rápidamente a mi cerebro para no olvidarme de ti.
Me lo dice cuando, en momentos de soledad,
se esconde en un rincón y se pone de nuevo a llorar.

Y es que a él solo le haces falta tú.
Tan solo tú.
Le hace falta que tu corazón y el mío
se vayan a pasear.

*Las piedras pequeñas son menos pesadas,
pero su acumulación puede construir montañas.*

*Dos pilares sostienen una buena pared,
pero es el equilibrio entre ellos lo que le da firmeza.*

PIEL DE AMOR

Te quiero de arriba hacia abajo,
entre el beso de tu boca,
entre la mirada seca y las pestañas arrinconadas.

Te quiero con el dulce olor de tu piel
y con tus mejillas llenas de sudor,
en los momentos de mayor inquietud. Te quiero.

Te quiero sin saber a dónde vamos,
como el destino que desconozco.

PASA POR MOMENTOS

Pasa por momentos.
Pasa como el flash de una fotografía cuando esta es tomada,
como una cubeta que se llena con el agua de la llave.
Llega con una sonrisa que nunca fue mía
y con unos ojos extraños que un día tuve entre miradas.

Pasa por momentos.
Y me hundo y salgo, y me hundo y salgo de nuevo.
Quiero dejarme caer y que caiga mi pensamiento,
que mi respiración se torne en paciencia absoluta.

Y es que pasa de vez en cuando, en horas no deseadas.
Y es que no me pongo a llorar, pero tampoco
me vuelvo sonrisa.
Me quedo serio, pensando en lo que fue. Aquellos recuerdos.
Me quedo en un silencio momentáneo,
pensando que hubiera sido.
Cierro la llave y regreso a llenar la otra cubeta.

QUE NO ME COMAN TAN RÁPIDO

Que no me coman tan rápido esos labios de besos apagados.
Que no me apaguen la luz de mis ojos,
ni que me maten las esperanzas guardadas.
Que no me aten a sus mentiras
ni a sus trampas, las que ponen sus miradas de rencor.
Que no me engañen sabiendo que solo soy yo.

Que no hablen a mis espaldas,
que sé leer sus labios,
las palabras vagas murmurando.
Que no piensen que se han salvado,
porque todo en esta vida se paga
como un regalo no deseado.

Ya llegará mi calma a la hora adecuada.
Llegará como llega la luz del día.
Será hora de dejar lo oscuro que no vale nada.
Seré yo, llegando a casa, tomando una ducha,
haciéndome de comer.
Seré yo, escribiendo, escuchando canciones,
pensando otra vez.

Ya estaré completo.
Me habrá formado la noche oscura,
el viento frío y la misma poesía.

MUERTE DE UN AMOR

Y así, en mis brazos ensangrentados, se moría,
y yo sintiendo el castigo que su corazón sufrió.
Porque fue muy poca la maldita suerte que tenía,
y fue mucho el dolor que en su muerte compartió.

Porque lo mismo que siente un árbol
al ser arrancado de su propia semilla,
así también fue lo que sentí
cuando gritaba yo…

DESPIDOS

Y duele tanto. Tanto pensarlo.
Y es cansado.
Y es que el caos viene y es más triste.
Muchos sabemos que todo se va con el tiempo,
que nada queda.

Ellos ya han vaciado sus pensamientos.
Han vaciado el coraje, el odio,
y se han reservado las lágrimas.
La llorarán solitarios,
con remordimiento,
con un enojo que destroza al amor.

Y yo lloraré con ellos,
porque también lo sentiré.
Las sonrisas, las pláticas, la amistad.
Los extrañaré.

Y es que perder todo tan rápido es complicado.
Muy complicado.
¿Quién es más humano entonces?
¿Aquel que ama con el corazón,
o aquel que termina destrozado?

MILI

Ahí fue donde cayó, no sé cómo pasó.
Solamente recuerdo que no toco a mi puerta.
Se fue sin decir nada, se fue sin avisar,
sin tan siquiera pensar
que ya no nos volveríamos a ver.

Me desperté, salí de mi cuarto y no estaba ahí.
Era raro que no estuviera, porque siempre estaba.
Algo me decía que nada estaba bien. Lo presentía.
Salí de mi casa y caminé.

La mañana era la misma,
con ese sol que pega fuerte
y que limpia todas las lágrimas.
Con una brisa que agrada con un café,
con un recuerdo que nunca termina
y que llega al alma.

Ya hace años que sucedió.
Todavía recorro esa banqueta.
La reconozco bien, la observo.
Y cuando paso, se abren las grietas de mi memoria,
una detrás de otras,
sin despedirse de nuevo.

COMO DECÍA MI ABUELITA

En las cosas pequeñas se encuentra más la felicidad.
Hay felicidades que no se pueden arrebatar tan fácilmente,
si es que las cuidamos adecuadamente.
Mi abuelita decía:
"las joyas más valiosas se guardan en sitios desconocidos."

Por eso tomé ese tiempo. Para sanar.
Y ya no dejarlo a la vista de todos.
Metí la alegría en los bolsillos de los pantalones,
porque en los puños cerrados
siempre se me olvidaba que llevaba algo y se me caía.

Escondí las sonrisas en las calcetas
cuando caminaba para todos lados,
para que esos rateros de felicidad
solo se llevaran el enojo.
Oculté el corazón en un cuadro
que mantengo en mi cuarto,
con un niño triste que nadie querría.

Guardé unos cuantos recuerdos
debajo del colchón,
y muchos otros los escondí
en las cajoneras de los muebles,
porque ya no cabían.
Y solo los uso cuando es necesario,
especialmente para escribir poesía.

QUE NADIE ME DIGA

Que nadie me diga
que no he sido un esposo,
un amante, un amigo o un querido.

Que nadie me diga,
que no he dado hasta mis labios rotos,
hasta mi vista cansada,
hasta cada caricia y cada lágrima derramada.

Que nadie me diga
qué hacer con mi vida,
que ya la tengo sujetada
con las dos manos vacías.

TAROT

Los ojos lindos,
el porte de la nariz perfecta,
se antoja besar la piel
y el ruido de tus labios diciendo tantas cosas.

Nos conocemos de antes,
no sé por qué.
Me lo ha dicho el tarot,
el pasado recorrido
y las señales de tu piel.

Pensaré, pensaré,
que así pudo ser.

UNA NOCHE ME DIJO

Una noche me dijo: "¡Hola!"
Otra noche le dije: "Adiós".
Como la luna que se separa,
aunque está muy cerca del sol.

Mis pensamientos me acercaron
muy lentamente hacia su boca,
como una abeja que se acerca
a esa miel de la flor cuando le toca.

Y sus labios se enredaban,
como enredaderas de un jardín,
trepándose entre mis labios
queriendo nunca salir.

Pero el tiempo, ese viento frío,
nos llevó por caminos distintos.
Ahora solo queda el eco
de aquel "hola" y aquel "adiós" infinito.

A veces, en la quietud de la noche,
sueño con su risa y su voz,
y me pregunto si la luna,
al mirarnos, también lloro.

Porque el amor, como las estrellas,
a veces brilla y a veces no.
Pero en mi pecho aún guardo
aquel jardín donde floreció.

RECUERDOS DE UN CAMINO

Manejando las encontré:
las luces traseras de otro auto en la noche,
formando huellas de recuerdos pasados.
Llegaron varios, sin título de poesía,
sin nombres de canciones, sin letras de mis diarios.

Detuve el tiempo para recordarte,
cambié de carril sin respirar.
Sin darme cuenta de que nada estaba bien,
de que todo estaba mal.

Quise manejar a mi perdición,
a mi abismo, hacia mi profundidad.
Y cuando ya me había ido,
quise manejar a mi presente,
y no regresar.

DÉJAME REGRESAR A CASA

Déjame regresar a casa,
¿no ves que ya entendí?
Que los recuerdos no se van,
por pensar tan solo en ti.

Déjame correr contigo,
cuerpo a cuerpo,
beso a beso,
piel a piel.

Déjame palpar lo que ya no siento,
la línea de mi vida, discontinuada,
el cansancio de mi mente por pensar.
Déjame refugiarme entre tus brazos,
que quiero de nuevo llorar.

Deja acostarme sobre la cama,
déjame creer que nada sucedió,
déjame soñar de nuevo,
o déjame morir, amor.

QUIERO SALIR CORRIENDO

Quiero salir corriendo,
desgarrarme de ti,
morderme de ti,
comerme en tu amor.

Quiero salir corriendo,
sentir tu aliento,
beber de tu sed
y fundirme en tu calor.

Quiero salir corriendo,
llorar mi alegría,
que te acarició de nuevo,
porque vivo de día.

Quiero salir corriendo,
dejarme atrás,
no mirarme en el espejo
y perderme entre tu aroma.

El dolor es como el amor:
interminable.
Acostúmbrate,
llegará más.

La compañía es necesaria.
Ayer se fue mi sombra,
y ya la extraño.

¿POR QUÉ NO TENGO DERECHO A PENSAR EN TI?

¿Por qué no tengo derecho a pensar en ti?
Si soy libre en mis pensamientos.
Puedo escribir sobre ti, detallarte a mi antojo,
comerte en cerezas llenas de recuerdos ajenos.

¿Por qué no tengo derecho a pensar en ti?
Si sigo siendo yo, si sigues siendo tú,
la misma que conocí ayer.
¿Por qué ponerle un final feliz a este cuento,
cuando puedo extenderlo?
Formar dibujos románticos con las estrellas
y plasmarlos en tus pupilas aisladas.

¿Por qué no tengo derecho a pensar en ti?
Si tú piensas en mí.
Me matas en tu dolor y me revives en tu alegría.
¿Por qué no tengo derecho a pensar en ti?
Pintarte con mis ideas, juntarte con mis emociones
y dejarte ir con mis anhelos.
¡Hoy, pensaré en ti de nuevo!

EL PRINCIPIO DE LA BUENA SUERTE

El principio de la buena suerte es un beso en la mejilla.
El movimiento del cuello en la postura correcta
de la caricia recibida.
Es amarte, es tenerte, es, sin duda alguna, no olvidarte.
Es algo incomprensible, es este amor barato, sin precio,
regalado, dado a voluntad propia.

HOY DOLIÓ MÁS QUE AYER

Hoy dolió más que ayer,
dolió así de simple.
Revuelta de emociones extrañas,
entre la mitad de felicidad y de tristeza.
Probablemente me gusta así:
recordarte apenas,
por momentos,
por etapas pasajeras,
pasando por la orilla de mi corazón.
Querida, amada, olvidada.

QUE NO TE PIERDA

"Que no te pierda", me digo,
cínico, sin vergüenza,
si nunca te he tenido.

"Que no te pierda", me digo,
que el amor no se cuenta con los dedos de las manos,
y menos en el olvido.

¡Y DE VERDAD QUE TE EXTRAÑO!

¡Y de verdad que te extraño!
Cuando pongo una melodía que dice todas tus formas,
en esas canciones encuentro consuelo aquí.

¡Y cómo te quiero!
Alucino con diferentes momentos de un encuentro no previsto,
Donde la protagonista de mis amores seas tú, solo tú,
porque la noches largas de todos mis días
son solo a veces para tomar café.

¡Y cómo extraño al aire susurrando mi nombre de tus labios!
¡Cómo lo extraño!
Porque tus labios se mueven como los quiero besar.
Y hay veces que solo quiero abrazarte,
pero también me hace falta poder dormir, eso lo sé.
Dormir y tomar fuerzas para seguir trabajando,
para juntar dinero y poder viajar hasta tus brazos,
para rozar cada vello de tus mejillas con mis labios.

Pero tengo que esperar, esperar y hacerme fuerte
mientras espero.
Y de verdad que te extraño…

TEMPESTAD DE MI MAL

Risueña mía,
tímida del mar,
olas de mi calma,
tempestad de mi mal.

Soñé que te tenía cerca,
curiosa de mi corazón.
Pero te alejabas día y noche,
rebelde de tu interior.

Confiable de mi fe,
hacía tus brazos me llevo,
a juntar tus sonrisas con las mías
y mi corazón, a tu corazón.

LUNA

Me he quedado parado,
pensando si estás detrás de mí,
con la cabeza agachada
y tus cabellos flotando,
con la estrella opaca,
con tu cara triste,
con tu cara blanca.

Tu rostro se acerca,
buscando que lo acaricie,
para iluminar mi propia oscuridad.
Me veo de blanco y negro, de negro y blanco.
Mis pies se entierran en la tierra
y nacen raíces que dan vida a más flores.

Te cortaré una de mi propio suspiro,
te la daré de un solo pensamiento mío.

LUCES ASÍ

Luces así, con el gato pegado a ti,
con la flor reencarnando dentro del corazón vacío,
transparente, sin nada de ti.

Las manos rotas abrazándose solas,
el cuello luciendo las cicatrices de castigo,
las lunas extrañas de colores,
los ojos perdidos.

No eres tú, lo sé,
es la otra que se convirtió en placer.

PEQUEÑO SENTIMIENTO

Y aunque mi corazón se ahogue en su propio llanto,
porque cada uno de mis errores la vida se va cobrando,
mas cuando ya no sangra más esta herida abierta
es porque la misma muerte viene llegando.

Y dolerá como nunca antes me había dolido,
y extrañaré los bellos recuerdos que pudieron ser,
mas no habrá razón alguna para seguir vivo,
si lo que más quiero en esta vida también muere otra vez.

Y aunque nada de esto aún ha ocurrido,
y aunque con el tiempo lo vengo pensando,
mas solo con pensarlo un poco, muere lento,
este pequeño sentimiento que viene soñando.

RUTINA DE UN ADIÓS

Así estoy todos los días,
como un zombi que solo mueve el cuerpo sin pensar.
Mi cuerpo se empieza a mover,
mis pensamientos apenas se despiertan,
mis ojos pestañean el mismo comienzo,
mi boca todavía se encuentra seca.

Ya es la hora indicada,
es hora de levantarse y ser aquella persona que ya no quiero.
Camino en retroceso cada día, uno similar al ayer,
las mismas entradas, las misma salidas,
las mismas calles que dejé.

¿Qué más hago
sino seguir las mismas huellas de una rutina?
El mismo despertador sonando,
la misma hora indicada,
el mismo baño
y el mismo adiós extrañando.

Es donde la indecisión también se vuelve cautiva,
y el que quiero, ya no es opcional.
Me he convertido en un ángel sin alas.

ALGUNA VEZ LA TUVE

Alguna vez la tuve.
Alguna vez tuve una vida.
La llamé sueño, la vivía, era mía.
Éramos como dos imanes atrayéndose,
era lento como los latidos de mi corazón en calma.

Se volvía hoja que cae de un árbol,
tan suave, tan llena al caer,
atrapada en el viento para complementarse con la tierra.
Era como un sol que nunca quemaba,
y un aliento que respiraba de mí.

Alguna vez la tuve.
Alguna vez la tuve y también la perdí.

YO SEGUIRÉ ESCRIBIENDO POESÍA

Yo seguiré escribiendo poesía,
con cada sentimiento que llegue y me arrebate una lágrima
o una sonrisa que deseaba.
Seguiré escribiendo de mi libertad, de lo lejos,
de la mitad guardada, de la misma cercanía.

Yo seguiré escribiendo poesía,
de tus labios, de tu mirada, de tu cuerpo,
qué fuiste, qué eres, qué serás.
Seguiré escribiendo,
aunque mi corazón quiera dejar de soñar,
ser mutilado de nuevo por el amor,
ser dañado por su propia voluntad.

Yo seguiré escribiendo poesía,
del ayer, del hoy, del mañana.
Aunque mi alma me abandone por completo,
y aunque yo no sea tuyo y aunque tú no seas mía.

PARECE

Parece que el viento soplará,
soplará las imágenes grabadas en mis ojos.
Sopla fuerte y forma silencio.
Y también forma miradas y rostros tuyos.

Desaparece por segundos,
mas vuelve con más fuerza a mis huesos fríos,
a esos que solo tú calentabas
con la hoguera de tus abrazos.

Me recuerda a la noche,
al silencio de nuestras miradas,
y a algo mutuo que descubríamos de nuevo
en el rincón de una banqueta.

El viento sopla fuerte, una y otra vez, tu imagen.
Y duele meterme otra vez a mi casa y cerrar la puerta.
Y duele sentir que hoy, también te pierdo.

¿CUÁNDO CAMBIA LA HORA?

Dígame usted, si es que ya es tarde para pedir un después.
Confieso que llego tarde para la salida,
pero dígame usted si es que me ama todavía.

Dígame usted si necesito rogarle de rodillas,
o cortarle todas las flores que existen en las banquetas
recorridas por su ausencia.

Dígame usted, ¿cuándo cambia la hora?
Ya se ha ido, no sigue más aquí.
¿Es mi pensamiento el que sostiene todavía su mano?
Dígame usted cuántas veces más será sin que pueda reír.

Dígame usted si ya cambió la hora. Por favor.
Ya es tarde, ya no hay un regreso, ya no hay nada que soñar.
Me queda el camino largo a casa.
Me queda el vacío de un recuerdo.

Dígame usted si todavía me lleva tatuada en su mirada.
Si la volveré a encontrar en este camino angosto,
aunque sea, por casualidad.

AGONÍA DE UN SUEÑO LARGO

Te amo mucho, y más cuando tienes sueño,
cuando tus ojos caen en un vacío intenso,
y el momento se vuelve tan tierno,
Mientras murmuras "no me dejes",
con el pensamiento durmiendo.

Pero sigues así, tan preciosa como siempre,
que me has robado un beso y el suspiro te lo quedo debiendo.

LENTO

No sé por qué amamos tan despacio,
como el viento que se detiene en el aire,
como dos cuerpos que se buscan en silencio
y besos que se funden en llamas eternas.

Una estrella que se contempla en el vacío
es casi tan bella como este instante,
igual que la poesía:
se escriben con pausas que laten,
con un adiós que nunca se pronunció.

Amamos entre las comas de cada latido,
conscientes de este amor que nos nombra.
Y con cada punto final,
nace un nuevo beso,
un nuevo comienzo.

Camino tan lento
como mis miradas que te descubren y se asombran.
Voy tan despacio que en mi mente vuelo,
y en ese vuelo me veo corriendo,
desesperado por alcanzarte,
por sostenerte antes de que todo se desvanezca.

Pero tú ya me has atrapado.
Gracias, mi cielo.

TRASLÚCIDO

Es el mismo pasto, verde, brilloso, susurrándole al viento.
Las sabanas secas esta vez cubren del sol,
no están húmedas como las dejé en ese tiempo.

La sombra se une con el viento
para contar aquellas historias de la infancia.
El tiempo transcurre lento; mi perro me acompaña.

Papá está al otro lado de una pantalla,
mamá prepara la comida y Kai está jugando.
Y aunque estamos llenos, todos tenemos hambre otra vez.

El ave desliza su vuelo sobre aquel cielo azul,
el viento sopla más fuerte cada rato.
Los aviones pasan constantemente,
y yo me veo de nuevo sentado, escribiendo.

Observo cada detalle de la naturaleza,
cada detalle de mi entorno,
cada color de su alrededor, cada figura,
cada perfume que nace, cada propósito en la materia.
He detenido este tiempo para mí.
He detenido al reloj para platicar conmigo
mientras no estoy ahí.

TRAIGO UNA TRISTEZA

Traigo una tristeza que nació en soledad,
más profunda que un océano, más extensa que la mar.
Lo traigo desde hace poco, clavada en el corazón,
como una flecha que hiere al viento,
como un rayo de luz que no brilló.

Traigo llantos tatuados de recuerdos,
por un pasado que volvió,
y las mejillas tan secas como un desierto,
por el beso ausentes que no llegó.

Traigo sueños maltratados por tu ausencia,
ilusiones que al vacío se perdieron,
como pájaros sin rumbo en la distancia,
que en la noche del olvido se durmieron.

Traigo sed de un hombre vagabundo
que busca en cada esquina tu reflejo,
y en mi pecho, donde ardía un gran amor,
solo queda el silencio de un desprecio.

Traigo huellas de lo que fuimos un día,
las promesas que el viento se llevó,
y en mis manos, el polvo de lo vivido,
que el tiempo, como arena, esfumó.

Traigo la sombra de un amor que fue eterno,
pero que hoy yace muerto en mi memoria,
y en mis labios, el eco de un invierno
que congelo lo más bello de esta historia.

LA GRAN CIUDAD

Así es el ruido de la gran ciudad,
esa boca del diablo que no nos deja escapar.
Un imán de almas ansiosas, sedientas de placer y riquezas,
un abismo interminable de voces
desesperadas que se gritan sin parar.

La gran ciudad,
convertida en la droga más grande del ser humano,
una sociedad que no distingue colores,
que vive bajo la dictadura del negro y blanco,
un negocio donde la impureza crece,
y se convierte en plaga que arrastra corazones.

La gran ciudad,
la que no sabe su nombre ni su apellido,
la que es ciega por la influencia humana,
la que no ve que la sangre del mundo es un solo color.
Ayúdenla, por favor,
ya ha envejecido con el tiempo
y se ha vuelto ciega,
sí, ciega como un murciélago
guiado por el sonido de las paredes que tanto formó.

Ayudémosla a encontrar su camino,
hagámosla de nuevo el paraíso
en el que debió convertirse.

LA NADA

Hay veces que vas y visitas la nada.
Es verdad. La nada.
Y piensas que hay algo peor que la nada.

Aquí, el poco viento que hay abajo es seco,
no arrastra nada.
Hasta las lágrimas se secan
si bajas la ventana.

Y es que es tan pobre por aquí
que también escasea el aire allá arriba.
Para que no vuele tan alto el águila.

Hasta las carreteras están pobres,
con pequeñas curvas
que marcan el camino hacia la nada.

Y es que la nada agota.
Y no concilia el sueño uno,
porque el viaje es largo
pero la nada lo acompaña.

Y luego revive uno cuando mira agua.
Sí, agua. Inmensa agua
que desafía al tiempo y la nada.

Y dicen que aquí sabe bueno el pescado frito.
Pero los caminos lucen abandonados.
Que ni las almas viven en este pueblo.

Por eso nada más venimos por el pescado.
Que hasta la nada nos acompaña.
Ella sí tomaría un chapuzón y de regreso.

Y se mira bonita la laguna.
Y es relajante el paisaje.
Se fueron a buscar el pescado.

Quizás encuentren el lugar.
Y si no, nos moriremos de hambre.
Y la nada también tendrá hambre.
Y también se le antojará el pescado.

ÍNDICE